W9-CTA-120

Les Idiomatics

Les Idiomatics

français-anglais

Textes de Geneviève Blum
Dessins de Nestor Salas

Éditions du Seuil

COLLECTION DIRIGÉE PAR NICOLE VIMARD

Ce livre est tiré de la série télévisée *Les Idiomatics*
proposée par **Geneviève Blum,** réalisée par **Philippe Truffault,**
produite par **Denis Freyd.**

Les Idiomatics est une série coproduite par
INITIAL GROUPE, LA SEPT et l'**INA,**
avec le concours du **Centre national de la cinématographie.**

Remerciements à James Farrant pour sa participation à la traduction.

EN COUVERTURE : DESSIN DE NESTOR SALAS

ISBN 2-02-010499-7

© ÉDITIONS DU SEUIL, FÉVRIER 1989

Pas si idiot que ça...

Un idiome, c'est une langue ; chaque idiome a ses tics : les expressions dites « idiomatiques ».

« Je n'ai pas le temps, j'ai d'autres chats à fouetter », dites-vous. Votre voisin anglais, lui, vous dira qu'il a « d'autres poissons à frire ».

Idiomatique, ça sonne comme un mot valise, qui serait composé de *idiot + automatique.* Idiot, parce qu'une locution idiomatique ça n'a souvent ni queue ni tête, et automatique parce qu'on s'en sert sans y penser.

De fait, une expression idiomatique — en anglais *idiom* — s'appelle aussi un *idiotisme.* Or, *idiot* nous vient — *via* le latin — d'un mot grec qui signifie « particulier », «spécial ». Son sens actuel est l'aboutissement d'une longue dérive péjorative : celui qui est particulier, spécial, étranger finit par être considéré comme ignorant, puis comme sot. Un idiot est avant tout quelqu'un qui n'est pas comme les autres. C'est pourquoi un idiotisme est une particularité propre à une langue, et non une expression idiote.

En français, comme en anglais, les expressions idiomatiques font une large place à l'imagerie animale et singulièrement au chat. Les moyens d'expression sont étrangement similaires. Et pourtant, on ne trouve jamais de correspondance mot à mot. Chez les Anglais, le

« chat dans la gorge » devient « grenouille », le « loup dans la bergerie » se mue en « chat dans le pigeonnier » ; s'il pleut des cordes chez nous, outre-Manche il pleut des chats et des chiens, etc.

Y a-t-il là matière à une leçon de civilisation comparée ? C'est douteux. S'il est vrai que les Anglais se noient dans une tasse de thé — leur boisson nationale —, on soutiendra difficilement que le verre d'eau soit la boisson favorite des Français !

Ces locutions stéréotypées, réputées intraduisibles d'une langue à l'autre, sont toujours des images, des images effacées par l'usage, ternies pour avoir trop servi. Elles n'évoquent plus rien. Il nous faut apprendre à les transposer en bloc dans la langue étrangère. En les illustrant de façon littérale, le dessinateur Nestor Salas redonne vie et couleur à ces images. Il met en évidence leur caractère le plus souvent incongru. Il les arrache ainsi à la banalité du cliché et leur restitue une valeur poétique.

Marina Yaguello

Avoir une araignée

dans le plafond

To have a spider

on your ceiling

To have bats

in the belfry

Avoir des chauves-souris

dans le clocher

Un éléphant dans un magasin de porcelaine

An elephant in a china shop

A bull in a china shop

Un taureau dans un magasin de porcelaine

Vendre la mèche

To sell the wick

To let the cat out of the bag

Laisser sortir le chat du sac

Il tombe des cordes

Ropes are coming down

It's raining cats and dogs

Il pleut des chats et des chiens

Voir trente-six chandelles

To see 36 candles

To see stars

Voir des étoiles

Mettre la main à la pâte

To put your hand in the dough

To put your shoulder

to the wheel

Mettre l'épaule à la roue

Prendre quelqu'un la main dans le sac

To catch somebody

   with their hand in your bag

To catch somebody red-handed

Attraper quelqu'un les mains rouges

Mener quelqu'un

par le bout du nez

To lead somebody

by the tip of their nose

To twist somebody

round your little finger

Enrouler quelqu'un

autour de son petit doigt

Se jeter dans la gueule du loup

To throw yourself

into the wolf's mouth

To put your head in the lion's den

Mettre la tête dans l'antre du lion

Jeter l'argent par les fenêtres

To throw money out of the window

To throw money down the drain

Jeter l'argent dans l'égout

Passer de la pommade à quelqu'un

To rub oinment up somebody

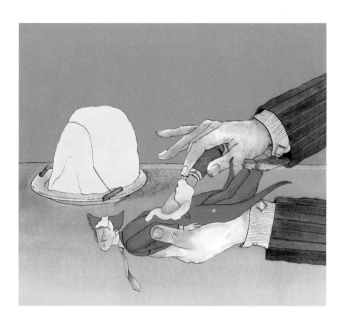

To butter somebody up

Beurrer quelqu'un

Lâcher la bride à quelqu'un

To give somebody free rein

To give somebody his head

Donner sa tête à quelqu'un

Retourner sa veste

To turn your jacket inside out

To change your colours

Changer de couleurs

Marcher sur des œufs

To tread on eggs

To skate on thin ice

Patiner sur de la glace mince

Quand les poules auront des dents

When hens have teeth

Pigs might fly

Les cochons pourraient voler

Ce ne sont pas mes oignons

These are not my onions

That's not my pigeon

Ce n'est pas mon pigeon

Mettre le loup dans la bergerie

To let a wolf into the sheep-pen

To set the cat

 among the pigeons

Mettre le chat

 parmi les pigeons

Manger les pissenlits par la racine

To eat the roots of the dandelions

To push up daisies

Pousser les marguerites vers le haut

Les bras m'en sont tombés

My arms fell off

You could have knocked me down

with a feather

On aurait pu m'assommer avec une plume

Ne pas réveiller le chat qui dort

Not to wake the sleeping cat

To let sleeping dogs lie

Laisser dormir les chiens qui dorment

Être dans le pétrin

To sit in the kneading-trough

To be in the soup

Être dans la soupe

Remuer ciel et terre

To stir heaven and earth

To leave no stone unturned

Ne laisser aucune pierre non retournée

Décrocher la timbale

To take the tumbler off the hook

To bring home the bacon

Rapporter le lard à la maison

Couper l'herbe

        sous le pied de quelqu'un

To cut the grass from

        under somebody's feet

To cut the ground from

under somebody's feet

Couper le sol sous les pieds de quelqu'un

Une tempête dans un verre d'eau

A storm in a glass of water

A storm in a tea cup

Une tempête dans une tasse de thé

Mettre le couteau

       sous la gorge de quelqu'un

To hold a knife at somebody's throat

To hold the pistol

at somebody's head

Tenir le pistolet

contre la tête de quelqu'un

Être au bout du tunnel

To be out of the tunnel

To be out of the wood

Être en dehors du bois

Avoir le beurre

et l'argent du beurre

To buy butter and keep the money

To have your cake and eat it

Avoir le gâteau et le manger

Faire d'une pierre deux coups

To reach two targets with one stone

To kill two birds with one stone

Tuer deux oiseaux avec une pierre

Mener quelqu'un en bateau

To take somebody sailing

To lead somebody up

        the garden path

Mener quelqu'un

        dans l'allée du jardin

Avoir d'autres chats à fouetter

To have other cats to flog

To have other fish to fry

Avoir d'autres poissons à frire

Mettre les pieds dans le plat

To put your feet in the plate

To spill the beans

Renverser les haricots

Se lever avec les poules

To rise with the hens

To get up with the lark

Se lever avec l'alouette

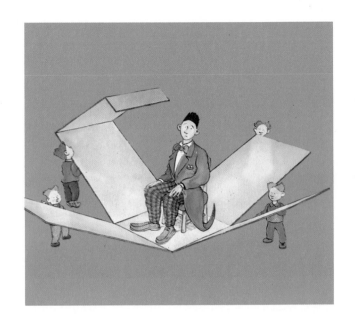

Mettre quelqu'un en boîte

To box somebody up

To pull somebody's leg

Tirer la jambe de quelqu'un

Tourner autour du pot

To walk around the pot

To beat about the bush

Battre autour du buisson

Avoir un chat dans la gorge

To have a cat in your throat

To have a frog in your throat

Avoir une grenouille dans la gorge

Coûter les yeux de la tête

To cost the eyes off your head

To cost an arm and a leg

Coûter un bras et une jambe

Vendre la peau de l'ours

avant de l'avoir tué

To sell the bear's hide before killing it

To count your chickens

before they are hatched

Compter ses poussins

avant qu'ils ne soient éclos

Écraser une mouche

avec un marteau

To smash a fly with a hammer

To take a hammer

        to crack a nut

Prendre un marteau

        pour casser une noisette

Tuer la poule aux œufs d'or

To kill the hen
   that lays the golden eggs

To kill the goose

      that lays the golden eggs

Tuer l'oie qui pond les œufs d'or

Retrousser ses manches

To roll up your sleeves

To pull your socks up

Remonter ses chaussettes

Mettre la charrue avant les bœufs

To put the plough ahead of the oxen

To put the cart before the horse

Mettre la charrette avant le cheval

Appeler un chat un chat

To call a cat a cat

To call a spade a spade

Appeler une pelle une pelle

Avoir une araignée dans le plafond, 8
Un éléphant dans un magasin de porcelaine, 10
Vendre la mèche, 12
Il tombe des cordes, 14
Voir trente-six chandelles, 16
Mettre la main à la pâte, 18
Prendre quelqu'un la main dans le sac, 20
Mener quelqu'un par le bout du nez, 22
Se jeter dans la gueule du loup, 24
Jeter l'argent par les fenêtres, 26
Passer de la pommade à quelqu'un, 28
Lâcher la bride à quelqu'un, 30
Retourner sa veste, 32
Marcher sur des œufs, 34
Quand les poules auront des dents, 36
Ce ne sont pas mes oignons, 38
Mettre le loup dans la bergerie, 40
Manger les pissenlits par la racine, 42
Les bras m'en sont tombés, 44
Ne pas réveiller le chat qui dort, 46
Être dans le pétrin, 48
Remuer ciel et terre, 50

SACHIKO
OKAMOTO

COMPOSITION : EUROCOMPOSITION À SÈVRES (HAUTS-DE-SEINE)
PHOTOGRAVURE : FRANCE-PHOTOGRAVURE À LYON (RHÔNE)
IMPRESSION : AUBIN IMPRIMEUR À LIGUGÉ (2-91)
D.L. FÉVRIER 1989 — Nᵒ 10499-5
(P 37264)